AF497793

L'ISLE FRIVOLE,

COMÉDIE

EN UN ACTE

ET EN VERS LIBRES,

PAR M. D****.

Ha! que ce Livre-là connoiſſoit bien les Femmes! REGNARD, *le Joueur.*

A GENÈVE,

Chez JOLY, Imprimeur-Libraire.

M. DCC. LXXVIII.

AVERTISSEMENT.

DEpuis notre heureuse alliance avec les États-Unis de l'Amérique Septentrionale, il étoit parti du Port de Bourdeaux un Vaisseau qui transportoit chez ces Alliés un grand nombre de ces Personnes à talents aimables, qui, par leur art merveilleux de plaire, rendent toutes les Nations de l'Europe tributaires de la nôtre, & qui se proposoient d'aller faire des établissements avantageux chez ce Peuple nouveau qui fixe sur lui les regards de tous les autres par la généreuse défense de sa liberté. Ce Vaisseau étoit à la veille de toucher aux Ports de l'Amérique, lorsqu'un coup de vent furieux le fit échouer sur les Côtes de l'Isle frivole qui fut jadis découverte par l'Amiral Biron, & de laquelle Mr. l'Abbé Coyer nous a donné la description ingénieuse dans ses bagatelles morales. Un certain Journaliste qui faisoit les fonctions d'Écrivain dans ce Vaisseau, fut le seul qui ne fut pas au gré du Gouverneur du Pays ; il fut obligé de quitter avec douleur le reste de l'Équipage qui fut reçu gracieusement dans l'Isle frivole où ces François se sont établis avec beaucoup de satisfaction.

De retour en France, cet Écrivain a laissé perdre la relation de son voyage, & un heureux hasard l'ayant faite tomber dans mes mains, j'ai trouvé la piece assez curieuse, & vu la sincérité avec laquelle il rapporte même ce qui seroit capable de choquer son amour-propre, j'ai cru qu'on pouvoit avoir foi pour tout ce qu'il dit de la réception des autres passagers. Il m'a paru sur-tout que la connoissance des raisons qui lui ont attiré le refus qu'on lui a fait de l'admettre dans l'Isle frivole, pouvoit être utile à quelques-uns de ses Confreres, & qu'elles étoient bien suffisantes pour dispenser à jamais un galant homme de répondre aux rapsodies qu'enfante la plume de ces Messieurs. Ces motifs m'ont déterminé à donner au Public la relation de ce second voyage fait par des Européens dans l'Isle frivole, & pour la rendre plus intéreſſante, je l'ai miſe en action. Les perſonnes qui aiment à obſerver pourront comparer les mœurs actuelles des Frivolites, avec celles qu'ils avoient dans le temps où l'Amiral Biron fit la découverte de lèur Iſle.

Si je n'ai pas l'avantage, en les décrivant, d'attraper la fineſſe exquiſe & la ſagacité profonde qui ſe cache à merveille ſous un air de légéreté dans la relation de M. l'Abbé Coyer, mon ouvrage a toutefois le mérite de la nouveauté. Le goût que nous avons pour elle, a dit un Auteur (*) qui a réuni toutes les graces de l'eſprit à la ſolidité des réflexions, s'étend moins ſur les matieres que ſur la maniere de les traiter. N'épuiſons point notre imagination à créer un nouvel ordre de choſes, approfondiſſons celles qui ſont connues, peignons-les d'une maniere hardie ; & ſans y penſer nous deviendrons de grands Peintres, & des Peintres originaux. S'il étoit permis de diſſerter profondement à la tête d'un ouvrage dont le titre même annonce la frivolité, il ne me ſeroit peut-être pas difficile de trouver des raiſons pour prouver qu'il y a plus d'obſtacles à vaincre pour devenir intéreſſant en traitant un ſujet déjà connu, qu'en en mettant un tout neuf ſur la ſcène. Mais il me ſuffira, en paſſant, d'obſerver à un aſſez mauvais plaiſant qui, en comparant mon *Angélique* avec *la Belle Arſène* de M. Favart, a dit que je n'avois fait que tourner la médaille, que je ſerois très-ſatisfait de mon ouvrage, ſi en tournant cette médaille, je n'avois pas altéré ſon métal. Ceux qui prendront la peine de comparer mon Iſle frivole avec celle de M. l'Abbé Coyer, verront qu'il n'y a entre les deux ouvrages, quant au fond des choſes, rien de ſemblable que le titre.

____

(*) M. le C. de B.....

A ERATO.

Celui qui suit le Char de Mars,
Et qui, volant à la victoire
Parmi les belliqueux hasards,
Vise le Temple de la gloire ;
Celui qui brigue de Vénus
Une faveur sur la fougere,
Donnant des plaisirs inconnus
A son innocente bergere ;
Celui qui cultive Plutus
Dans l'art de nombrer, de rabattre,
Et qui grossit ses revenus
Plaçant son or au vingt-quatre,
Fidèle à sa Divinité
Adresse une prière instante :
Vous Érato, Muse charmante,
Soyez toujours ma Déité.
Des plus beaux jours de cette vie
Je vous ai voué les instants ;
A peine ayant vingt-quatre ans,
Pour vous d'amour l'ame ravie,
Je fus un de vos adorants.
Ce fruit de mon cinquième lustre
Recevez d'un air de faveur ;
Que s'il méritoit cet honneur,
Combien ce don seroit illustre !
Nouveau favori d'Apollon,
Je suis sur le Mont Hélicon
Une plante encore naissante,
Qui, pour avoir de bonnes fleurs,
Attend les bénignes faveurs
D'une chaleur vivifiante :
Vous êtes cet astre Divin
Qui féconde l'esprit humain ;
Daignez d'un regard secourable,
Pour moi donner le mouvement
A cette seve favorable
Qui couvre de fleurs le Printemps.

ACTEURS.

LE GOUVERNEUR DE L'ISLE FRIVOLE.

ALCIMON , *ami du Gouverneur.*

CECILE.

LA MARCHANDE DE RUBANS, DENTELLES, &c.

LA FAISEUSE DE MODES.

LE PETIT MAÎTRE.

LA CORDONNIERE.

LA FAISEUSE DE ROBES.

LE COMÉDIEN.

LA PERRUQUIERE.

LA MARCHANDE DE FARD.

LE JOURNALISTE.

LA MAÎTRESSE DE DANSE.

LA GOUVERNANTE.

LE PEINTRE.

LE POÉTE.

LE MUSICIEN.

UN GARDE.

La Scène est dans une Isle de l'Amérique.

L'ISLE FRIVOLE,
COMÉDIE EN UN ACTE.

L'Orcheſtre imite une tempête : air de Pſiché
& l'Amour. Le fond du Théâtre repréſente
la Mer fort agitée : on voit un Vaiſſeau qui
eſt prêt d'échouer ſur les Côtes de l'Iſle. Il y
a à droite des Acteurs, un Cabinet de ver-
dure, & à gauche un Banc de gazon.

SCENE PREMIERE.

LE GOUVERNEUR. ALCIMON.

ALCIMON.

QUe la nature eſt belle,
Lorſqu'elle eſt en courroux !
Le feux dont le Ciel étincelle
M'offre un plaiſir bien doux !
Ces éclairs, ces coups de tonnerre
Qui font trembler le reſte de la terre,
Ne me font point frayeur,
Ils me dévoilent ſa grandeur.

Que j'aime à contempler cette mer orageuse !

LE GOUVERNEUR.

Oui , cette rive heureuse
Augmente en beauté ,
Quand l'Océan est agité :
Mais je crois sur l'onde
Voir dans le lointain
Une masse ronde ;
Ce fait est certain.
Je vois un Vaisseau sans mât, sans cordage,
Qu'un violent orage
Va jeter sur les bords du rivage voisin.
Que d'heureuses nouvelles
Et d'importantes bagatelles
Il va nous apporter !
Il faut nous en féliciter.

ALCIMON.

Des vues légères,
C'est pour vous le but
Des grandes affaires ;
Tandis que des abus
Détruisent cette Isle ,
Votre esprit fertile
En amusements ,
Ne voit dans l'orage
Que l'heureux présage
D'un bon passe-temps.
De ce Gouvernement
La ruine entière est prête ;
Il faut une tempête
Pour jeter sur ces bords
Un Vaisseau dans nos Ports.
Depuis les loix futiles
Où vous proscrivez
Tous les arts utiles ,
A-t-on vu jamais
Le plus leger Esquif aborder ce rivage ?
Je vois déjà , par un triste présage ,
Que la frivolité
Va faire un grand désert d'une vaste Cité.

LE GOUVERNEUR.

Les beaux jours de la vie
Ne sont-ils pas trop courts ?
Faut-il que la misanthropie
En abrege le cours ,
Et qu'on les immole
A de grands travaux ?

Un goût plus frivole
Soulage les maux
Que sur nous la nature
Se plaît d'entasser ;
Craignez de penser
Que cette peinture
Que vous me tracez
Des maux dont en cette Isle
Nous sommes menacés,
Soit le triste effet de mon goût futile :
Dans tous les lieux de l'univers,
De l'un à l'autre pole,
Voyez ce goût frivole
M'offrir tant de sujets de Pays si divers ;
Sur-tout dans la France
Voyez l'affluence
Des faiseurs de vers
Et des compositeurs de très-frivoles airs.

ALCIMON.

Mais à cette manie
Pour ce goût délicat
Si vous joignez le célibat,
Il n'est plus de Patrie.

LE GOUVERNEUR.

N'observez-vous pas
Que, dans cet Empire,
L'inconstant zéphyre
De la variété nous montre les appas?
Voyez dans la plaine
Le doux zéphyr prodiguant ses faveurs
Par sa vive haleine
A vingt mille fleurs.
En amour il en est de même,
Le vrai plaisir imite le zéphyr,
Aussi léger le plaisir aime
De former un nouveau desir;
Inconstant il fuit la constance,
Il redoute les longs amours,
On le trouve toujours
A côté de l'indifférence.

ALCIMON.

Un Particulier
Pourroit s'étayer
D'un pareil exemple;
Mais un Gouverneur
Qu'un chacun contemple,

Peut-il en honneur
Donner cet exemple ?
Tous les Habitants
Bientôt imitants
Son amour volage,
Seront fans penchant
Pour le mariage.

LE GOUVERNEUR.

Puifqu'abfolument
Il faut qu'on s'uniffe,
Ou bien par raifon
Ou bien par caprice,
Je veux Alcimon
Faire un mariage :
Si , dans ce Vaiffeau
Brifé par l'orage ,
Quelque objet nouveau
Obtint en partage
L'art d'être charmant ,
Si-tôt je m'engage
A lui par ferment.

SCENE SECONDE.

LE GOUVERNEUR. ALCIMON. UN GARDE.

LE GARDE.

JE viens , Seigneur, pour vous apprendre
Qu'il eft arrivé fur ce bord
Un Efquif qui va fe rendre
A l'inftant dans le Port ;
Il porte pavillon de France :
Depuis l'heureufe alliance
Avec les Treize Etats ,
Les François plus fouvent fréquentent ces climats.

LE GOUVERNEUR.

Que ceux qui font échappés du naufrage
Viennent paroître devant moi ;
Il faut, fuivant l'ufage ,
Que je connoiffe quel emploi
Ils auront en partage ,
Et s'ils peuvent , fuivant la loi,
Refter fur ce rivage.
Affeyons-nous en attendant.

Sur ce banc de verdure.
     Après un temps , appercevant Cécile.
Mais , quel eft cet objet charmant ,
Le chef-d'œuvre de la nature !

SCENE TROISIEME.

LE GOUVERNEUR. ALCIMON. CÉCILE. LE GARDE.

ALCIMON.

Uel dommage que tant d'appas
Euffent été perdus dans l'onde !
CÉCILE.
A ma douleur profonde
De daigner compatir ne vous refufez pas.
LE GOUVERNEUR.
Dans fon cœur un chacun affurément voit naître
Le plus grand intérêt en vous voyant paroître.
Que faut-il pour vous obliger ?
Heureux, fi vos malheurs je pouvois foulager !
CÉCILE.
Dans le Vaiffeau qui vient de faire ici naufrage
J'avois avec moi mon mari ;
De tout mon cœur je le chéris,
Il m'aime encor bien davantage !
Il a voulu refter dans le Vaiffeau
Pour me céder fa place.
Dans l'Efquif qui prenoit de l'eau ;
Daignez le fecourir , je vous demande en grace.
LE GOUVERNEUR *au Garde.*
Qu'une Barque auffi-tôt
Aborde le Vaiffeau
Fracaffé par l'orage ,
Et conduife fur ce rivage
Ceux qu'on pourra fauver des horreurs du naufrage.
LE GARDE.
Je vais vous obéir, Seigneur.
LE GOUVERNEUR *à Cécile.*
Pour foulager votre douleur ,
Dans ce cabinet de verdure
Allez donner à la nature
Les premiers mouvements qui troublent votre cœur.
De-là vous pourrez voir devant moi comparoître

Ceux qui feront venus à bord,
Et vous pourrez ainfi connoître
De votre cher époux quel doit être le fort.
Il lui donne la main pour la conduire dans le cabi-
net de verdure.

SCENE QUATRIEME.

LE GOUVERNEUR. ALCIMON.

LE GOUVERNEUR.

C Omme, fans qu'on y penfe,
Le cœur fe trouve pris !
Me voilà fans défenfe.
En bute aux traits de l'enfant de Cypris !
Meffieurs les beaux efprits
Qui croyez braver la piquûre
De l'amour par la fermeté,
Craignez la profonde bleffure
De ce Dieu de la volupté.
Des yeux qui fembleront une vive peinture
Des fuaves defirs de la douce nature,
Une jolie figure,
Un nez fait en mignature,
Un menton rond,
Un air fripon,
Un pied mignon,
Sauront bientôt foumettre la raifon ;
Si l'amour a marqué l'inftant de la défaite,
Soudain un jeune cœur fera votre conquête.
Oui, cher Alcimon,
Pour moi l'heure eft venue,
Et je fens dans mon cœur une flamme inconnue.

SCENE CINQUIEME.

LES MÊMES. LA MARCHANDE DE RUBANS,
LA MARCHANDE DE MODES.

LE GOUVERNEUR.

M Efdames excufez-moi
Ici fi je vous cite

Pour savoir si votre mérite
Est tel que le requiert la loi.
Dans cette Isle frivole
Vous avez toutes votre rôle ,
Je le sais bien ; par goût ou par état
Vous n'exercez qu'un talent délicat.
Sans les formalités d'usage
Je pourrois donc vous recevoir ;
Votre beauté m'est un présage
De ce que vous devez savoir ;
Si c'est assez de plaire
Pour être admis dans ce Gouvernement,
Bien mieux que les arts d'agrément ,
Votre beauté saura le faire.

LA MARCHANDE DE RUBANS.

Dans tous les lieux de ce Gouvernement
Permettez-moi de vendre
Ces aunes d'un nouveau ruban ,
Et ces dentelles de Flandre.

LA MARCHANDE DE MODES à *Alciman*,

Voudriez-vous acheter
Une coëffe nouvelle ,
Que pourroit-on mieux inventer
Pour parer une belle ?
Achetez , vous serez certain
Par ce présent de plaire :
Un cadeau fait de votre main
A la Déité de Cythère ,
Sous l'ombre du mystére ,
Ménage un fortuné destin.

LA MARCHANDE DE RUBANS,

Pour avoir accès favorable ,
L'amour se sert d'un ruban attrayant ;
Un beau ruban est un présent
Aux belles toujours agréable.
On enchaîne son cœur
Par ce don fait à sa maîtresse ,
Et l'art de choisir la couleur
A ce cadeau joint la délicatesse ;
Le blanc désigne la candeur
D'une flamme sincère ,
Le rouge désigne l'ardeur
Qu'un amant a de plaire ,
Le verd marque le doux espoir
Fondé sur la promesse ,
Et par le bleu l'on fait savoir

Qu'on aimera fans ceffe.
LA MARCHANDE DE MODES.
Mon heureufe facilité
A créer une mode ,
A la laideur autant qu'à la beauté
Pour briller eft commode ;
Par le charme de fes appas ,
Celle qui n'eft pas remarquable,
Et qui ne peut attirer fur fes pas
Une jeuneffe aimable ,
Sait , par un nouvel ornement ,
Dont elle fe couronne ,
Vaincre le peu d'empreffement
Qu'on a pour fa perfonne.
LA MARCHANDE DE RUBANS.
C'eft un vrai dédommagement ,
Quand on n'eft pas au rang des belles ,
Si l'on ne peut vanter la fineffe du tein ,
Qui prend fous le toucher la douceur du fatin ,
Qu'on prife au moins celle de nos dentelles.
LE GOUVERNEUR.
Je vous reçois à bras ouverts ,
Pour embellir le fexe agiffez de concerts.

SCENE SIXIEME.

LE GOUVERNEUR. ALCIMON. UN PETIT-MAITRE.

LE GOUVERNEUR.

A Son abord aimable on connoît un François !
LE PETIT-MAITRE.
Je me pique en cela d'avoir quelque fuccès ;
Auffi chacun me dit que je fuis adorable.
Cela m'a fait fouvent un deftin agréable ;
Car le début fait tout.
LE GOUVERNEUR.
Quelle profeffion exerce votre goût ?
LE PETIT-MAITRE.
Ma profeffion eft de n'en avoir aucune ,
Du feul talent de plaire attendant la fortune.
Cependant je connois & je parle hardiment
De ces profeffions exigeant du talent.

Depuis le Serrurier qui fait un tourne-broche,
Jusqu'à celui qui meut des lunettes d'approche
Pour pouvoir calculer les rouages divers
Qui font tourner fur l'axe un fi vafte univers ;
Depuis celui qui fait bien donner un clyftère,
Ou qui tire du fang fans couper un artére,
Jufqu'au vrai Médecin qui, favant dans fon art,
Ordonne avec principe, & non point au hafard ;
Je fais tout, & d'ailleurs un peu de fuffifance
Quelquefois fait briller bien mieux que la fcience.

ALCIMON.

Mais voyez, pour briller quel excellent moyen !
Il furpaffe en efprit un Académicien.

LE GOUVERNEUR.

Son fecret vaut autant que l'encyclopédie,
Il raffemble en lui feul toute une académie.

LE PETIT-MAITRE.

L'Orateur qui prononce en public un difcours,
Le Poëte qui met une piece au grand jour,
De ma décifion ont une crainte extrême.
L'oracle de mon goût eft un arrêt fuprême,
De l'éloge ou du blâme, en tout, donnant le ton ;
Ce n'eft pas que je fois favori d'Apollon,
Ou bien que je compofe un difcours d'éloquence ;
Mais je connois affez comment avec aifance
On fait une harangue, & l'on crée
J'en fais par fentiment les préceptes divers ;
J'ai fait dans ma jeuneffe un an de Rhétorique,
Et reténu des vers du bel art poétique.

LE GOUVERNEUR.

Ha ! le juge excellent,
Pour prifer d'un coup d'œil ce qu'on a de talent !

ALCIMON.

Que d'équité, de goût, & fur-tout de fineffe !
Que fa décifion doit avoir de juftelle !

LE PETIT-MAITRE.

Pour avoir bien jugé, quand on a de l'efprit,
Un connoiffeur voifin aifément nous fourit ;
Il ne faut pour cela qu'avoir une faillie,
Et j'excelle à briller par mon étourderie ;
Cela me réuffit, car la vivacité
Plaît aux Dames fur tout ; un peu de vanité,
En flattant leur orgueil, me met bien auprès d'elles.
Je fais me ruiner galamment pour les belles :
Équipages nouveaux, habits très-élégants,
A leur intention, repas & bals charmants,

Je ne néglige rien, pas même les préfents ;
Car , pour eux le beau fexe eft d'une ardeur
      extrême ;
Fuffiez-vous Adonis, fuffiez-vous l'amour même ,
Au fexe intéreffé jamais vous ne plairez
Que fuivant que votre or vous lui prodiguerez.
C'eft affez pour l'honneur qu'il paroiffe qu'on m'aime :
Je ne demande pas que ce foit pour moi-même ;
Mais faire qu'un époux enrage tout de bon ,
Voilà ce qui fuffit à l'homme du bon ton.
Je m'en venge au furplus d'une bonne façon ;
Je montre des portraits , je fais une chanfon
Où dans chaque refrein une faveur nouvelle
Annonce que j'ai vu , mais de très-près , la belle.
On fe brouille , on revient, on enfreint fon ferment ,
On fait une conquête , un accommodement ,
Et l'amour n'eft pour moi qu'un heureux paffe-temps ;
On m'admire par-là comme un homme charmant,
Délicieux , divin , recherché par les belles ,
Je n'ai plus qu'à choifir, il n'eft point de cruelles ;
Aux foupers clandeftins toutes voudroient m'avoir ;
Comme un petit Sultan je donne le mouchoir.

ALCIMON.

Le Ciel s'étoit trompé en vous donnant naiffance ,
Vous méritiez ici d'avoir reçu le jour.

LE GOUVERNEUR.

Vos amabilités étalez tour-à-tour,
Dans mon Gouvernement agiffez comme en France.

SCENE SEPTIEME.

LE GOUVERNEUR. ALCIMON. LA CORDONNIERE. LA FAISEUSE DE ROBES.

LA CORDONNIERE.

MOnfieur le Gouverneur ,
Je fuis votre fervante.
Pour obtenir l'honneur
Dont je fuis en attente
D'être reçue en ce Gouvernoment ,
Je vais vous expliquer en quoi j'ai du talent.
D'une étoffe précieufe
Je forme un beau foulier de gentille façon ,

Pour en chauffer un joli pied mignon.

LA FAISEUSE DE ROBES.

Pareillement je ferois curieuse
De me fixer dans ce canton ,
Mon métier de Tailleufe
M'y promet grand profit.

LA CORDONNIERE.

Le pied le plus petit
Reçoit une grace nouvelle ,
Par mon talent à chauffer une belle.

LA FAISEUSE DE ROBES.

Je fais fort bien attraper le contour
D'une taille élégante
Qui s'arrondit dans les bras de l'amour.

LA CORDONNIERE.

La fineffe touchante
D'une jambe faite au tour,
Paroît encor plus raviffante
Sur un pied renfermé dans un moule élégant.

LA FAISEUSE DE ROBES.

Ce que la taille a de charmant ,
Sous ma coupe légère
Reçoit une forme affez claire ,
Pour ne pas déguiser fon flatteur agrément ;
Mais une fille dans fon bufte ,
A-t-elle un notable défaut ,
Je fais le mafquer comme il faut ,
Avec un couffinet j'ajufte
Ce qui n'étoit pas de niveau.

LA CORDONNIERE.

Par le fecret de l'art j'exauce
Les vœux de la courte beauté ,
Sur un patin elle rehauffe
L'éclat bruyant de fa fierté.

LE GOUVERNEUR.

Dans cette Ifle frivole
La beauté comme la laideur ,
Également implorent votre rôle ;
Prêtez-leur un fecours vainqueur.

SCENE HUITIEME.

LE GOUVERNEUR. ALCIMON. UN COMÉDIEN.

LE GOUVERNEUR.

Quel est cet homme-ci de figure grotesque ,
D'un abord recherché , d'un maintien si burlesque ?

LE COMÉDIEN.

Je suis un Comédien ,
Malgré les préjugés encor homme de bien ;
Faire pleurer ou rire au gré de mon envie ,
Voilà tous mes talents :
Avec soin j'étudie
Les ridicules différents ,
Pour en tirer une copie.

ALCIMON.

Vos portraits quelquefois peuvent être piquants ;
Et ne craignez-vous pas de fâcher bien des gens ?

LE COMÉDIEN.

Estimé du vrai sage , abhorré des cagots ,
Je sais me venger d'eux , en montrant leurs défauts ;
J'arrache de leurs fronts le masque qui les couvre ;
Du sot qui me déprime , à l'instant qu'il m'approuve ,
Parce qu'il connoît peu tous les talents divers
Qu'il faut pour débiter avec art des beaux vers ,
Je me fais bien raison , dans une scène hardie ,
Versant sur lui le sel de la plaisanterie ;
Le peignant traits pour traits , sans s'en appercevoir ,
Il rit du ridicule , en face du miroir ;
Attiré près de moi , par un plaisir facile ,
Il vient contre l'ennui chercher un doux asyle ;
Occupant doucement son inutilité ,
En l'amusant je fais piquer sa vanité.
Il peut , en m'écoutant , dans un profond silence ,
Se croire quelquefois un homme d'importance ,
Pour blâmer , applaudir , regardant tout autour ,
Il siffle , bat des mains , ou baille tour à tour ,
Suivant que son voisin , dans une humeur badine ,
Sourit , ou fait sentir la critique chagrine.
Le Spectacle fournit un plaisir à souhait
Au sot qui joue un Rôle , en ne parlant jamais ;
Mais à l'homme d'esprit il offre une ressource ,
On y vend le plaisir , en ménageant sa bourse ,

Le difpenfant d'enter ces honnêtes tripots
Qu'un ftupide loifir inventa pour les fots ,
Ou bien de fréquenter ces plattes coteries
Où font tant de plaifants dépourvus de faillies.
Dans des lieux deftinés aux Amateurs des vers ,
Son bon goût peut jouir des chefs-d'œuvres divers
Que tant de beaux efprits , pour l'honneur de la
    France ,
Ont tracé d'une main prodiguant l'élégance.
La femme qui reçut le don de la beauté ,
Au Spectacle paroît une divinité ,
Par tous les Spectateurs à l'envi convoitée.
La fcène fut jadis pour le fexe inventée;
La main de la nature avare en fes préfents ,
Peut donner la beauté , refufant les talents ;
Celle qui fait charmer par l'aimable figure ,
N'a pas fouvent d'efprit la plus foible teinture ;
Dans le monde il n'eft rien qui foit en tout parfait :
Souvent celle qui fait concevoir un fouhait ,
Dans un cercle perd tout ; mais n'ayant rien à dire ,
Elle gagne les cœurs avec un doux foûrire ;
Si le Ciel lui donna pour fon lot de l'efprit ,
Son triomphe eft plus grand , la fcène l'embellit ;
Tous les regards tournés comme vers un augure ,
Confultent fon bon goût à l'air de fa figure ;
Décidant d'un coup-d'œil le fuccès des Acteurs ,
Son approbation fixe les Spectateurs.
Une femme d'efprit , fans être fort jolie ,
Bien mieux que la beauté brille à la Comédie.
        LE GOUVERNEUR.
Dans ce pays le fexe aime à briller ;
Son goût pour les plaifirs fembloit vous appeller.
Je veux faire bâtir un lieu pour les fpectacles ,
Où le fexe charmant dictera fes oracles.

SCENE NEUVIEME.

LES MÉMES. LA PERRUQUIERE. LA MAR-
CHANDE DE FARD.

LA PERRUQUIERE.

Pour être admife en ce Gouvernement,
Je vous dirai que je fuis Perruquière ;
Ma main favante en cet art élégant

Peut procurer un nouvel agrément
Aux blonds cheveux dont une Belle est fière ;
Je fais donner à leur enroulement
Cet air d'apprêt qui plaît à la Coquette,
Cet appareil, cette grace parfaite,
Chef-d'œuvre heureux dans l'art de la toilette.

LA MARCHANDE DE FARD.

En vrai soutien de ce merveilleux art,
Je tiens de près à l'art de la coiffure ;
Mon talent est de composer le fard.
Enjoliver la plus laide figure,
Par le pinceau ranimer la pâleur,
A l'incarnat marier la blancheur,
A pleines mains distribuer les roses
Avec les lys subitement écloses,
C'est-là l'effet le plus commun de l'art ;
Mais savoir bien amélaguer le fard,
C'est le chef-d'œuvre en l'art de la toilette,
Le désespoir d'une fille coquette.

LA PERRUQUIERE.

Quand il le faut, je fais modestement,
Pour une prude arranger sa coiffure,
Me conformant à l'air de sa parure ;
La propreté fait le seul ornement
De ce modeste & simple bâtiment
Qu'élève alors l'unie architecture.

LA MARCHANDE DE FARD.

Pour varier, à l'aide d'un miroir,
Le bleu, le blanc, le rouge, avec le noir,
Pour, à propos, en apprendre l'usage,
Je puis donner leçon d'apprentissage.

LA PERRUQUIERE.

La Vieille aussi de mon art si charmant
Peut recevoir un secours agréable ;
D'un front terni les rides en voilant
Par une coiffe allongée en avant,
Elle pourra, par mon art favorable,
A cinquante ans paroître encore aimable.

LA MARCHANDE DE FARD.

Avec le bleu j'apprends l'art de tracer
Sur une main mignonne & poteleuse,
Sur un beau bras une veine trompeuse ;
Sur un sein rond j'apprends l'art de verser
Une liqueur blanchâtre & savoneuse ;
Avec ce lait j'apprends l'art d'effacer
D'un tein bruni la noirceur odieuse ;

Sur le visage on répandra les fleurs
Par l'art heureux d'assembler les couleurs ;
Pour tempérer la rougeur trop saillante
Chez une fille un peu trop pétulante,
Dans la céruse on trouve le secret.
Le vermillon fait ressortir les traits,
Quand par amour une fille est dolente ;
Le point alors est de bien ménager
Le fin pinceau , de savoir arranger
Le blanc , le rouge , & qu'en tout la figure
Soit le tableau de la simple nature.

LA PERRUQUIERE.

Mais ce qui fait triompher mon pouvoir,
Ce font les nœuds faits avec négligence,
Dont fait s'orner la douce nonchalance,
Quand elle veut porter au désespoir
Un cœur touché par l'aimable élégance
De cette boucle arrangée avec art ,
Et qui paroît tenir du feul hasard
Son agrément. Par cette inadvertance,
Mieux que par l'art, une jeune Beauté,
Qui tient son prix de fa vivacité ,
Au tendre amour pourra donner naissance.
Par le zéphir agités doucement,
Ses cheveux noirs fur son beau sein tombant,
De fon tein frais font ressortir l'albâtre ,
Et fon amant déjà presque idolâtre
Par l'art caché de ce défordre heureux,
Épris d'amour , devient plus amoureux.

LA MARCHANDE DE FARD.

Certaine poudre avec foin préparée ;
Sur une brosse , à cet effet, rangée ,
Procure aux dents la plus vive blancheur ;
Et le corail vient donner la rougeur ,
Le tein vermeil , la fraîcheur de la rose
A cette lèvre avec art demi-close.
A deux beaux yeux je donne le pouvoir
Au fond du cœur d'aller vous émouvoir ;
Leurs fourcils peints font brillanter la flamme
Que leur éclat fait passer dans notre ame.
Voilà l'effet de mon art important ;
Un Peintre alors est fort digne d'estime,
Si fon portrait est ressemblant.
Dans tous fes points mon art est parfait
J'excelle à faire un tableau respirant.

LA PERRUQUIERE.

Je vous ai dit l'emploi que je fais faire

Des beaux cheveux qui parent la beauté ;
Je peux auffi , grace à mon miniftère ,
Lui réparer ce qui fut emporté
Par le fléau de l'affreufe vieilleffe ,
Comme je peux fecourir la jeuneffe
Par un préfent de mon art emprunté ,
En la vengeant des mains de la nature ,
En dépit d'elle augmenter fes beaux nœuds,
Lui faire don d'une riche frifure
Par mon adreffe à créer des cheveux.

ALCIMON.

Dans cette Ifle frivole
Vous jouerez , Mefdames , un beau rôle ;
Pour être admifes sûrement
Vous avez tout le néceffaire ;
Même dans l'Ifle de Cythère
Vous pourriez aller hardiment.

LE GOUVERNEUR.

Je vous reçois dans mon Gouvernement :
Aux filles du pays vous apprendrez l'ufage
Qu'on peut faire du fard, comme on doit fe peigner ;
La plus jeune pourra dans trés-peu l'enfeigner ,
Sortant de votre apprentiffage,

SCENE DIXIEME.

LES MÉMES. UN JOURNALISTE.

LE GOUVERNEUR.

Que faltes-vous ? quel eft votre talent ?

LE JOURNALISTE.

Je fuis un Journalifte ,
Apothicaire en même tems ,
Et l'on me compte fur la lifte ,
Dans l'un & l'autre Corps , parmi les plus favants.

LE GOUVERNEUR.

Apothicaire !
Cela fe fait affez fentir :
A votre afpect d'abord l'on pourroit preffentir
Ce que vous êtes bon à faire.
Mais Journalifte ! en vérité ,
J'ignore encor l'emploi de cette qualité.

LE JOURNALISTE.

Si le métier de Journaliste
Ne m'est pas le plus revenant ,
Il est du moins le plus brillant ;
Je suis toujours l'apologiste
Du vrai mérite & du talent :
C'est moi qui dispense la gloire
Qui mène au temple de mémoire ;
Je donne aux Écrivains cette célébrité
Qui fait passer leur nom à la postérité ;
Cette couronne radieuse
Qui pare leur front glorieux ,
C'est moi qui , d'un air gracieux ,
La met sur leur tête orgueilleuse.
Mais pour eux c'est disgracieux ,
Quand mon humeur attrabilaire ,
Laquelle , s'il vivoit , affronteroit Voltaire ,
Se déchaîne contre eux.
Si dans l'empire littéraire
Quelqu'un ose pénétrer ,
Sans avoir eu soin d'impétrer ,
Comme c'est toujours nécessaire ,
Mes lettres de sauf-conduit ,
Ou bien celles de mon Confrère
L'aimable Abbé qui, comme moi, produit
Ces oracles de goût & de saine critique ,
Alors , par un trait satyrique ,
Nous arrêtons cet imprudent ,
Et contre lui nous escrimant ,
Bientôt nôtre troupe cinique
Et la cohorte cabalique
Lui fait mordre le sol avec ses trente dents.

ALCIMON , d'un ton ironique.

Vous êtes donc bien redoutable !
Un Auteur est fort misérable ,
Si vous n'êtes son partisan.

LE JOURNALISTE , avec emphâse.

Assurément !
On nous peint quelquefois comme le grand Sultan
Est pour ses sujets formidable;
Notre pouvoir despote au sien est comparable ;
Un oracle échappé de son thrône éminent
Augmente moins la frayeur d'un coupable ,
Que ma décision contre un livre nouveau
N'effraye son Auteur , qui ne fait plus qu'un saut
Des rayons du Libraire

A ceux de l'Épicier.

LE GOUVERNEUR.

Vous devriez l'envoyer
Chez un Apothicaire ,
Pour mieux favoriser votre second métier :
Si vous ne voulez pas avoir un tel salaire ,
Il vous faudra bientôt partir ;
Car ici votre ministère
Vous feroit fort long-tems pâtir.
La Muse trop facile
Des Habitants de l'Isle
Ne fait que s'égayer ;
Sur les bords du Permesse
Célébrant la tendresse ,
De peur de s'ennuyer ,
Sur sa lyre légère
Elle fait répéter
Quelques airs de Cythère ;
Et si vous l'entendez chanter ,
C'est qu'elle n'a rien autre à faire.
Votre critique assurément
Seroit ici fort déplacée ;
Je connois plus d'un Habitant
Qui , sans avoir l'ame choquée ,
Pourroit vous dire , en flattant votre espoir ,
Si mon livre invendu restoit chez les Libraires ,
Je t'en ferois présent , pour servir de mouchoir
A ceux chez qui tu vas pour donner des clystéres :
La critique & leur goût ne pourroit compâtir.

LE JOURNALISTE.

Mais daignez consentir
Que j'aie au moins le tems de faire une épigramme ;
J'en tiens une perçante autant qu'un trait de flamme.

LE GOUVERNEUR.

Je vous le dis encore , il faut soudain partir :
Je vais vous envoyer dans l'Isle satyrique ;
Vous pourrez exercer là votre esprit caustique ;
La bile qui fermente en ces climats pervers ,
A votre autre métier offre un succès divers.

LE JOURNALISTE.

Je vais donc la coucher sur mon grand répertoire ,
Et je ferai comme beaucoup de gens
Qui d'avance , à loisir , se préparent la gloire
De ce qui n'a de prix que celui du moment.

SCENE ONZIEME.

LES MÉMES. LA MAITRESSE DE DANSE, LA GOUVERNANTE.

ALCIMON.

QUE cet abord est prévenant !
Qu'elle excelle à mêler la grace à la décence !
LE GOUVERNEUR.
Quel est votre aimable talent ?
LA MAITRESSE DE DANSE.
J'apprend l'art de la danfe.
LA GOUVERNANTE.
Mon art est bien plus important ;
C'est de fervir de Gouvernante.
LA MAITRESSE DE DANSE.
Je puis donner cette grace touchante,
Plus belle encor que la beauté ;
Savoir marcher d'un air de dignité ,
Ou bien charmer, par une heureufe aifance,
C'est un préfent du bel art de la danfe.
Quand au printemps , dans un joli jardin ,
D'un très-beau jour au moment du déclin ,
L'on voit paroître une troupe de Filles,
La Nymphe alors qui fixe les regards ,
Tous incertains parmi tant de gentilles ,
Doit ce triomphe au fecret de mon art.
Par fon maintien c'est moi qui fais paroître
Tous fes attraits dans un cercle charmant ;
Mais , c'est au bal que l'on peut reconnoître
Que l'on ne plaît que par cet art puiffant.
LE GOUVERNEUR.
Soyez admife en ce Gourvenement ;
Mais quant à vous je ne faurois qu'en faire ;
A quoi votre art pourroit-il être bon ?
LA GOUVERNANTE.
Mon talent est plus qu'on croit néceffaire ;
C'est par lui qu'on acquiert le ton
D'une perfonne fociable :
Je fais donner à la raifon
La fuperficie agréable
Difpenfant de réflexion ,

Pourvu que l'on fache être aimable :
J'enfeigne l'art de raconter,
Sans foi-même rien inventer :
J'indique la docte manière
D'un bon mot, d'être plagiaire :
J'apprends comme l'on doit jafer,
Sans avoir le temps de penfer :
J'enfeigne comme il faut s'y prendre
Pour acquérir cette élocution
Qu'on écoute fans la comprendre :
J'apprend à foutenir la converfation
Par un babil d'où l'on ne peut rien prendre :
Je donne la facilité
De trouver, en chofe commune,
Quelques traits d'ingénuité :
Malgré la mauvaife fortune,
J'enfeigne l'art de la gaité :
Je montre comme avec malice
L'on peut tourner un compliment :
J'apprends finement à médire,
En femblant vouloir excufer :
Sans craindre aucun trait de fatyre,
J'enfeigne l'art de tout ofer :
Je fais voir comme une traitreffe
Sous l'amitié peut fe cacher :
Je montre comme, fans fineffe,
Un bel efprit fait perfifler :
J'apprends finement à fourire,
Sans qu'on puiffe nous décéler :
J'enfeigne l'art de bien parler ,
Sans avoir jamais rien à dire.

ALCIMON.

De nos cercles chéris vous ferez l'ornement !

LE GOUVERNEUR.

Reftez ; je vous reçois dans mon Gouvernement.

SCENE DOUZIEME.

LES MÉMES, UN PEINTRE, UN POÉTE, UN MUSICIEN.

LE PEINTRE.

Nous voici trois inféparables,
Qui nous quittons cependant quelquefois ;

Mais, par des fecours favorables,
Nous nous perfectionnons tous trois.
Je fuis Peintre.

LE POÉTE.

Je fuis Poéte.

LE MUSICIEN.

Je fuis Muficien. (*Il frédonne un air tendre.*)

ALCIMON.

La Compagnie eft complette,
Hors l'accord entre vous il ne manque plus rien.

LE POÉTE.

Mon art eft fait pour être le délice
Des Habitants de ce Gouvernement ;
Avec lui tout devient charmant:
Par fon gracieux artifice
Il étend fon pouvoir fur les cœurs des humains,
Augmente leur bonheur, adoucit leurs deftins.
Tout eft chimère dans ce monde;
Une riante imagination,
Par fa magique fiction,
Pour le bonheur de ceux qu'elle feconde
Du don divin de compofer des vers,
A cette Déité, gouvernant l'Univers,
Prête un habit toujours couvert de rôfes
Dans le jardin des doux rêves éclofes.
Celui qui peut jouir des faveurs d'Apollon
Obtient, en promenant dans le facré vallon,
Une félicité parfaite ;
Il n'a point à braver la furieufe tempête
Qui, des ambitieux, pouffe le tourbillon ;
Son front toujours ferein reluit
Des rayons du bonheur qui brillent fur fa tête;
S'il ne dort point pendant la nuit,
Il eft réveillé par la joie,
Ses beaux jours font filés de foie ;
Les chagrins fuient loin de lui ;
Il n'eft point dévoré par le cruel ennui.
L'aimable poéfie
Augmente fa félicité ;
Avec elle toute fa vie
S'écoule dans la volupté ;
Socrate pourroit-il lui-même
Apprendre à nos Anacréons
Comme on vient au bonheur fuprême,
En ménageant fes paffions !
Et les fept Sages de la Grece

Valent-ils Chapelle & Chaulieu,
Pour apprendre à la sagesse
L'art d'être heureuse en tout lieu ?

LE PEINTRE.

Désirant vous prouver combien je suis utile
Pour procurer un doux amusement,
Et voulant être admis dans ce Gouvernement,
Je n'employerai point les graces du beau style :
Je peins avec mes couleurs,
Tandis que ce Poéte arrange des paroles,
Que ce Musicien, pour varier les rôles,
A l'aide de ses sons croit pénétrer les cœurs.
Seulement je pourrai vous dire
Que je suis le plus doux des vrais consolateurs
D'un amant tourmenté par un cruel martyre :
Je puis, à l'aide des couleurs,
Mettre en ses mains ce que son cœur desire,
Donner à son tourment la satisfaction
D'assouvir par ses yeux sa vive passion.
Parmi tant de beautés choisissez une belle ;
Dites-moi celle qui vous plaît,
Et je vais, trait pour trait,
Vous faire son portrait fidèle.

Le Gouverneur regarde dans les Loges à droite & à gauche, & parle bas au Peintre.

LE GOUVERNEUR.

J'ai choisi.

LE PEINTRE.

Prenons position ici.

Il esquisse un tableau, tandis que les autres Acteurs sont empressés de considérer son ouvrage.

Ce choix est à merveille !
C'est une beauté sans pareille !
Si, d'un peintre doué d'un goût voluptueux,
Vous n'avez pas le talent agréable,
Vous en avez, du moins, les yeux.

ALCIMON.

C'est un sujet bien favorable
Pour faire un très-joli portrait.

LE PEINTRE.

Cette figure est à souhait ;
Quelle fraîcheur, & quelle grace
Je dois rendre dans mon tableau !
Non, jamais mon foible pinceau
Ne pourra l'égaler ; l'original surpasse
Tout ce qu'une copie eut jamais de plus beau........

LE GOUVERNEUR *examinant le Tableau.*
Cette Efquiffe eft bien faite,
Le portrait fera reffemblant;
Qu'il eft doux pour un tendre amant
Qui médite cette conquête,
De jouir en fecret de cet objet charmant
Jufqu'au moment de fa défaite !
LE POÉTE.
Dans tous les temps, dans tous les lieux,
A l'aide d'un portrait, en fecondant fes feux,
Un amant peut jouir d'un plaifir délectable;
Rien n'eft d'ailleurs plus favorable,
Auprès d'une beauté pour avoir bon deftin,
Que de lui faire ce larcin
Qui caufe fon courroux, quoiqu'il foit agréable;
Car ce vol clandeftin flatte fa vanité,
Et les femmes font très-foigneufes
De cacher la facilité
Qu'on a par-là de les rendre amoureufes;
Mais bientôt on peut les calmer:
Ha ! qu'il eft doux alors de favoir exprimer
Le vif tranfport, l'heureufe ivreffe
Dont un amant jouit
Par le portrait de fa Maîtreffe !
La poéfie lui fournit
L'expreffion enchantereffe
Qui fait peindre le fentiment:
Voyons, dans ce moment
D'une vive tendreffe,
Ce que peut dire un jeune amant.
    Il fe promene parlant avec foi-même, & faifant
        les geftes d'un homme qui compofe.
En mettant dans mes mains le feul objet que j'aime,
Portrait, tu me rends le bonheur,
Après m'avoir ravi mon cœur;
Églé, d'une rigueur extrême,
Peut me défendre de la voir;
Mais tu prefcris un terme à fon pouvoir,
Et je pourrai, du matin jufqu'au foir,
En dépit d'elle-même,
Admirant chaque jour
Ses agréments, augmenter mon amour............
Ainfi l'aimable poéfie
Sait, en flattant un femme jolie,
Donner le ton qui peint le fentiment.
Un Poéte amoureux eft un homme charmant.

LE GOUVERNEUR.

En voyant ce portrait fidèle,
La douce émotion qui trouble votre cœur
Me fait connoître le bonheur
Dont je pourrois jouir auprès d'un beau modèle.

Il va joindre Cécile.

LE MUSICIEN.

C'est exprimer avecque sentiment
Une flamme sincère
Qui vit dans le cœur d'un amant ;
Mais ma voix dans Cithère
Fait un effet plus permanent :
Les Vers s'oublient aisément,
Leur charme n'est que d'un moment ;
Mais une chanson qui sait plaire
Est d'un succès qui va toujours
En augmentant, & les amours
Mis en musique ont plus de cours.
Qu'il est doux, qu'il est agréable
De voir une Beauté, de sa jolie main,
Sur la Guitare, ou sur le Clavecin,
Répéter un couplet aimable
Dont ses appas font le refrein ;
En promenant quelquefois tête à tête,
De se mettre à l'unisson,
Pour frédonner une chanson
Qui nous ménage sa conquête !
Les Dieux seroient jaloux d'un aussi beau concert ;
Mais c'est dans un repas, sur la fin du dessert,
Que ma victoire est plus complette ;
Je deviens l'ame du festin,
Aux Convives ma voix inspire la tendresse,
Et s'unit au bon vin,
Pour former leur vive allégresse.
La beauté s'attendrit par mes chants amoureux ;
Je lui peints d'un cœur langoureux
L'ineffable délicatesse,
Et dans son cœur mon chant harmonieux
Fait naître une amoureuse ivresse.
A la Beauté dont les appas
Avoient fixé mon inconstance,
Prêt à partir de France,
Dans un magnifique repas,
(Car, dans ce lieu, le séjour des amours,
Un Amant y meurt de tendresse,
Et cependant mange bien tous les jours,

Pour furvivre à fa Maîtreffe ,)
J'exprimai , par cet air , mon amoureux tourment.

ROMANCE.

Il chante fur l'air : *Je fuis Lindor.*

Belle Sophie allégez l'infortune
De mon amour , ou donnez-moi la mort ;
J'éprouverai plus volontiers ce fort
Qu'une rigueur à mes vœux importune.

De vos beaux yeux quand j'admire les charmes ,
Un doux tranfport me faifit à l'inftant ;
Mais de regret de languir en aimant ,
Des miens fitôt coule un torrent de larmes.

De votre front la blancheur éclatante
Eft le miroir de la tranquillité ;
Près d'un amant cette férénité
Eft pour mon cœur , hélas ! bien accablante.

Le coloris de ce brillant vifage
Égale en vous la fraîcheur du Jafmin ;
Mais la pâleur , par fa livide main ,
Efface en moi la fraîcheur du bel âge.

Quand votre bouche avec art demi clofe ,
Semble appeler le plus tendre baifer ,
Votre regard qui me défend d'ofer ,
Eft pour mon cœur l'épine de la rofe.

De part en part bleffé par fa piquure ,
Mon cœur attend de vous fa guérifon ;
En délaiffant la févère raifon ,
Écoutez mieux la voix de la nature.

Aux malheureux prodiguez votre zèle ;
C'eft là l'inftinct qu'elle infpire aux humains :
Par plus d'amour foulagez mes deftins ,
Et vous ferez à fa voix moins rebelle.

ALCIMON.

Vous devintes , fans doute , un plus heureux amant.
On ne peut mieux chanter, & cet air eft fort tendre ;
Au fon flatteur de cette belle voix
Une beauté peut-elle fe défendre ?

LE MUSICIEN.

Auſſi rien n'eſt égal à mes vaillants exploits ;
Un bon Muſicien trouve-t-il des cruelles ?

LE POÉTE.

Grace aux Vers que je fais, vos airs plaiſent aux
Belles.

SCENE DERNIERE.

LES MÉMÈS , CÉCILE , LE GOUVERNEUR donnant la main à Cécile.

CÉCILE.

ENfin il faut ſe rendre à votre empreſſement ;
Puiſque vous le voulez devenez mon amant ;
Je renonce , pour vous , à la cruelle envie
D'aller à mon mari ſervir de compagnie.

LE GOUVERNEUR.

Soyez admis tous trois dans ce Gouvernement,
Pour en faire l'honneur , en être l'ornement ;
Que votre goût exquis nous prépare une fête ,
Pour célébrer mon aimable conquête ;
N'oubliez rien pour embellir ce jour
Où la frivolité couronne mon amour.

VAUDEVILLE.

Air : *Il n'eſt qu'un mal , il n'eſt qu'un bien ;*
C'eſt d'aimer ou de n'aimer rien.

CÉCILE.

Cette Iſle me rend le bonheur ,
Diſſipant ma peine cruelle ;
La conſtance eſt pour la laideur ,
C'eſt autrement quand on eſt belle :
En amour la frivolité
Eſt un tréſor de volupté.

LE PEINTRE.

Si je ne puis avoir le cœur ,
Je vole du moins la figure ;
Je me contente du bonheur
De le poſſéder en peinture :
Qu'importe , la frivolité
Eſt un tréſor de volupté.

LE MUSICIEN.

Si , par une aimable chanſon ,
Je peints mon amour à Liſette ,
Elle ſe met à l'uniſſon ,
C'eſt le ſeul prix de ma fleurette :
Qu'importe , la frivolité
Eſt un tréſor de volupté.

LE POÉTE.

Pour une petite action
Je ne demande qu'un quart d'heure ;
Pour fixer votre attention ,
Être court c'eſt la route ſûre :
Dans mon art la frivolité
Eſt un tréſor de volupté.

ALCIMON.

Je ſuis l'ami du Gouverneur
Qui commande l'Iſle frivole ;
Il n'en tire pas , en honneur ,
De revenu même une obole ;
Mais pour lui la frivolité
Eſt un tréſor de volupté.

LE GOUVERNEUR.

Venez dans mon Gouvernement ;
Mon goût voluptueux raſſemble
Tous les arts de pur agrément ,
Et l'utile s'y trouve enſemble ;
Car en tout la frivolité
Eſt un tréſor de volupté.

LETTRE

*A MONSIEUR D'AL****.*

ÉTant inftruit par votre lettre , MONSIEUR , du voyage que vous êtes prêt d'entreprendre pour l'Amérique , l'intérêt que j'ai toujours pris à ce qui vous regarde , m'engage à vous envoyer une relation d'un naufrage fait fur fes côtes , & que je viens de publier. Vous favez que ce n'eft que par les erreurs des autres que les bons Pilotes s'affermiffent dans les routes fûres ; je fouhaite que celui de votre vaiffeau , pour vous éviter un pareil défaftre , puiffe profiter de l'inhabilité de ce Pilote qui , s'étant laiffé maîtrifer par les vents , fût échouer fur les bords de l'Ifle frivole. Tous les naufrages font terribles ; mais un fur les côtes de cette Ifle feroit fur-tout bien à craindre pour vous & pour les Compagnons de votre voyage.

Que feroit-on dans ces climats
De Médecins , de Magiftrats ,
De Procureurs , & d'Avocats ,
De tous ces Gens à longs rabats ,
Qui , fourrés du haut jufqu'en bas ,
Sont faits pour les fombres climats ?
Les ennuis volent fur leurs pas ,
Ils font fuivis par le fracas ;
Ces échappés des pays bas ,
Gonflés de leurs hauts Doctorats ,
Sont bons pour ces lieux des frimats ;
Mais dans l'Ifle aux goûts délicats ,
Ils ne feroient qu'un embarras :
Vous auffi ne craignez-vous pas
De tomber dans un pareil cas ?
La philofophie ici bas ,
M'en mande-t-on , ne règne pas ;
Pour nous feuls elle a des appas ,
Elle eft féconde en nos climats :
Peu content de celle qu'on a
Dans un cœur pur & délicat ,

Dans plus de vingt infortiats
Nous la raffemblons en grands tas ;
Mais l'Encyclopédie, hélas !
Les Frivolites ne l'ont pas !
Voyez pour vous quel grand tracas,
Si vous allez dans ces climats :
Formé dans ces infortiats,
Votre favoir, fans nul éclat,
En ces lieux ne brilleroit pas.

Si votre Pilote étoit affez mal-adroit pour fe laiffer entraîner par l'impétuofité des vents du côté de ce funefte rivage ; s'il ne vouloit pas fuivre vos confeils falutaires, forcez-le à vous céder le gouvernail ; il y va de l'intérêt de tout votre équipage d'éviter ces bords redoutables à tant de graves perfonnages qui doivent une partie de leur luftre à l'importance de leur maintien, & à l'emphafe de leurs paroles ; ce qui cadreroit affez mal avec l'air badin & les difcours légers des Frivolites. Les Paffagers de votre vaiffeau, & vous en particulier, me devez favoir fort bon gré de l'avis que je vous donne ; & comme dans ce monde rien ne fe fait pour rien, j'attends de vous une faveur qui vous fera très-agréable, puifqu'elle doit vous procurer l'avantage de la connoiffance d'une perfonne aimable. Je ne m'étendrai pas beaucoup fur le détail de fes qualités ; dans le deffein où je fuis de vous tranfcrire une partie d'une converfation que j'ai eu par lettres avec elle, vous pourrez mieux juger des agréments de fon efprit par fes productions même, que par tout ce que je pourrois vous en dire. Le hafard quelquefois nous fert mieux que tous les foins que nous pourrions prendre, & je me félicite beaucoup de celui qui m'a fait connoître la perfonne dont s'agit. Pour vous prouver combien je vous aime, je veux tâcher de faire tourner à votre profit cet événement ; & pour vous donner le defir de faire cette connoiffance, je veux vous tracer comment je l'ai faite moi-même.

Le bruit s'étant répandu que les Comédiens de cette Ville devoient donner une petite Comédie de ma compofition, les Poéteraux, dont le pays fourmille, s'affemblerent auffitôt, & chacun promit de ne pas quitter la féance, fans avoir fait une Épigramme contre le nouvel Ouvrage qui avoit la té-

mérité de paroître au grand jour , fans avoir paffé
d'avance par leur examen ; cependant leurs efforts
n'enfantèrent que de productions qui , en marquant
leur defir de nuire , prouvoient leur impuiffance
poétique. Mais le nombre de ces Avortons fut fi
grand , & l'on eut tant de foin de les faire circu-
ler , qu'il en tomba un dans les mains d'un étranger
qui de-là prit texte pour m'écrire une lettre pleine
de réflexions judicieufes fur un art qu'il paroît très-
bien poffeder. Il ne fe contenta pas de me rappel-
ler les préceptes ; il daigna même y joindre des
encouragements. » Je vous prie , me dit-il , de ne
» point rompre avec Apollon ; que l'envie , la mal-
» honnêteté & l'injuftice ne vous dégoûtent point
» d'un talent qu'il ne dépend que de vous de per-
» fectionner.

Voltaire nous l'a dit , & foyez-en bien fûr :
Qui n'aime pas les Vers a l'efprit fec & dur.
Tant de gens qui valloient mieux que vos criti-
ques en ont fait , que vous ferez bien de continuer.

François de Charlequin , ce glorieux Emule ,
Dont la voix dans la France appela les beaux arts ,
François aimoit les Vers , en faifoit fans fcrupule ,
Et logea fous fa tente Apollon avec Mars.
Henri , notre Henri , d'adorable mémoire ,
Henri , de fes Sujets le père & le vainqueur ,
S'amufoit à rimer , quand la voix de la gloire
Laiffoit quelques inftants refpirer fon grand cœur.
J'ai des Vers de ce Roi ; j'en ai de fon Miniftre ,
Cet auftère Sulli : Sulli ! le croira-t-on ,
Que parmi fes élus , le frivole Apollon ,
Avec un jufte orgueil , ait pu fur fon regiftre
Près du nom de Marot mettre un auffi grand nom ?
Et ce grand Cardinal...... ce Richelieu fublime
Qui , de l'Europe entière en main eut le timon ,
Ne l'avons-nous pas vu , tendre amant de la rime ,
Sous la pourpre , amoureux du laurier d'Hélicon ,
De Corneille envier la réputation ?
Mais une autorité plus refpectable encore
C'eft celle d'un Héros dont les exploits fameux
Portant l'illuftre nom du couchant à l'aurore ,
Feront l'étonnement de nos derniers neveux ;
C'eft le grand Fréderic , ce mignon de Bellone ,
Qui jufque dans fes camps menant les doctes Sœurs ,
Par leurs chants de la guerre adoucit les horreurs ,

Et par des Vers charmants que le goût affaisonne,
Allégeant les ennuis & le fardeau du Trône,
Fixe les vrais plaisirs au séjour des grandeurs.

Vous sentez, Monsieur, poursuit-il, que je ne vous donne pas pour bons des vers qui ne m'ont coûté que le temps de les écrire. Je ne m'y serois pas livré, si je ne comptois sur votre indulgence, & sans le motif de vous confirmer toujours dans le goût pour la poésie, & sur-tout dans l'indifférence, que je vous exhorte d'opposer aux satyres qui ne méritent pas votre attention. Mais, croyez-moi, ne résistez pas à votre génie ; vous faites un métier assez sec & aride par lui-même, pour qu'il vous soit permis quelquefois d'aller oublier les ennuis de Thémis dans les bras des Muses. Après tout :

Nos Bergers, sur la fin du jour,
Ramenant leurs Troupeaux des plus gras pâturages,
Sur le simple hautbois, dans leurs hameaux sauvages,
Ont bien droit de chanter les plaisirs & l'amour.

Si les Satyriques qui ont fait courir des vers contre moi les avoient mis en mes mains, je les aurois placés ici pour faire le contraste ; la seule vengeance que j'eusse voulu tirer d'eux, auroit été de mettre leurs productions sous les yeux d'un homme d'un goût aussi éclairé que le vôtre ; mais il est, sans doute, bien satisfaisant pour un quelqu'un qui aime à faire des vers, de se voir encouragé, dans ce goût, par une personne capable d'en faire elle-même d'aussi faciles & d'aussi délicats que ceux que vous venez de lire. Les Muses en deviennent plus chères.

Toutefois l'incognito que ce Poéte avoit voulu garder avec moi piqua ma curiosité, & je le sommai de me déclarer enfin s'il étoit homme ou femme ; l'assurant très-fort que je faisois grande différence de l'un à l'autre, & que j'étois d'ailleurs peu disposé à donner dans une erreur pareille à celle dont Piron s'est amusé dans sa Métromanie.

En me donnant une douce louange,
Pourquoi vouloir me rester inconnu ?
Sur votre nom l'esprit irrésolu,
Pourquoi faut-il que je prenne le change ?

En m'écrivant comme écriroit un Ange,
Pourquoi vouloir me cacher vos vertus !
Dans le fiècle , hélas ! où nous fommes,
Il eft fi peu d'honnêtes hommes ;
J'en pourrois compter un de plus.
Si vous étiez une de ces femelles
Qui vont parfois fur les croupes jumelles ,
Mon défefpoir feroit encor plus grand ;
Dans l'art des Vers étant très-peu favant ,
Et comptant peu fur un fi beau mérite ,
Je céderois volontiers , Émélite ,
Tous les lauriers que produit l'Hélicon ,
Pour les faveurs d'un joli cotillon.

Comme , quand on demande certaines faveurs aux
femmes dans le plus grand incognito , elles font
toujours tentées de dévoiler leur sèxe : mes vers
ont rempli mon deffein ; mais la dame très-
honnête & très-vertueufe ne m'a fait connoître fon
fexe qu'au moment qu'elle étoit dans l'impuiffance
de jouir de la foibleffe humaine ; & voici l'adieu ,
en apprenant fon nom , que j'ai reçu de fa part.

Dans ce commerce poétique
Où ton efprit dithyrambique
Répandoit , fans être cauftique ,
A pleins minots le fel attique ;
Mon cœur loyal & véridique
Goûtoit une douceur unique ;
Mais , hélas ! un deftin inique
A notre amitié polémique
Prefcrit un terme tyrannique !
D'abord , fur le fommet duplique ,
Pour fuivre ta mufe érotique ,
Bucolique , épigrammatique ,
Epique , lyrique , comique ,
Entre nous , mon Pégafe étique
S'avoue un tautet pulmonique.
De plus , un époux defpotique ,
D'un vain amour patriotique
Suivant l'impulfion gotique ,
Par un brévet diplomatique
Député du Sénat Belgique ,
Sur l'aîle de la politique ,
Me traîne au fond de l'Amérique :
Pour le Congrés phyladelphique
Qui d'aimer les Mufes fe pique ,

Je porte du pays gallique
Ta collection pindarique :
Cette nouvelle République
Est fidelle au bon goût antique :
Donc sur ce bord phylosofique,
Pour prix de leur fiel satyrique,
Je verrai, je le pronostique,
Tes Censeurs & toute leur clique,
Objets de la haine publique.
Avant que l'astre bénéfique
(Mot barbare & néologique,
Dira-t-on, mais que je fabrique,
Attendu son sens énergique)
Ait fini, dans sa marche oblique,
Quatre dégrés sur l'Ecliptique,
Je verrai ce roc Britannique
Qu'Hercule, au temps mithologique,
Jadis de son bras héroïque,
Sépara, dit-on, de l'Affrique,
Aux Habitants de la Bétique,
Aux riches colons du Mexique,
Sur tout l'Océan athlantique,
Je ferai ton Panégyrique.
Mais de grace entends ma Supplique;
Qu'enfin tout commerce mystique
De vers, de prose, ou de critique
Cesse !............ Car de-là le tropique,
Que, dis-je, près le pôle arctique
N'attends de moi nulle réplique.

En signant ma lettre, je pars pour Cetté, d'où je
cingle à Massachuset ; ne m'y adressez rien que je
n'aye l'honneur de vous y donner mon adresse ; il n'y
a point de postes établies d'ici-là.

La Baronne Elisabeth-Radegonde , &c.
Epouse de l'Envoyé des Etats Géné-
raux aux Insurgens.

Nismes le 28 Janvier 1779.

J'espère, Monsieur, que vous ferez grace à la
longueur de ma lettre en faveur des jolies choses
qu'elle renferme. En vous transcrivant ces vers aimables, je regrette, pour votre plaisir & pour le
mien, qu'ils ne soient pas en plus grand nombre ;

mais ils suffiront, je crois, pour vous donner le defir de connoître son Auteur, & voilà mon but rempli ; car cela m'affure que vous voudrez bien que je
profite d'une occafion telle que la vôtre, pour lui
faire paffer mes compliments. Je vous prie, fur-tout,
de ne pas oublier de dire mille chofes agréables à
fa Fille charmante : en lui offrant un Exemplaire de
mon Ifle frivole, invitez-là à jeter les yeux fur une
Romance qui eft dans le rôle du Muficien. Puiffe-
t-elle, en la chantant, connoître les fentiments
qu'elle-même infpire à plus d'un Lindor. Quand vous
ferez arrivé à Philadelphie, vous voudrez bien re-
mettre ce petit billet en mains propres à la Baronne ;
c'eft la grace que j'attends de vous, en reconnoif-
fance de l'avis que je vous ai donné, pour vous pré-
venir contre le danger que vous aurez à courir d'é-
chouer fur les Côtes de l'Ifle frivole.

*COMPLAINTE à la Baronne Elifabeth,
Epoufe de l'Envoyé des Etats Généraux aux In-
furgens, fur fon départ de cette Ville.*

Avec un grand regret je vous ai vu me fuir !
Pourquoi me quittez-vous, quand je pouvois jouir
Du bonheur de vous voir, & de celui d'entendre
Une fi docte voix dans un fexe auffi tendre ?
Les neuf Sœurs déformais pour moi ne font plus rien ;
Avec elles mon cœur dans ce pays lointain
Vous fuit, & je connois que Pégafe rebelle
Ne m'obéira plus fi vous n'êtes fidelle !
Jufqu'à votre retour ce font mes derniers vers :
Pourroit-on vous écrire au bout de l'univers ?
Dans un temps plus propice, en lieu plus favorable,
Nous pourfuivrons, Baronne, un commerce agréable ;
La Tourmagne ftérile eft un trifte Hélicon ;
Ce rocher n'eft jamais le féjour d'Apollon :
Dans le talent fublime où s'illuftra Moliere,
Il faut, pour réuffir, une vafte carrière ;
Mais écrire en ces lieux eft un métier trop dur ;
Quand je n'y vous vois plus je démonte ma lyre ;
Il fuffit, en paffant, que vous ayez pu dire :
Ille poteft, nam poffe videtur.

F I N.

DEUX OBSERVATIONS
sur L'HEUREUSE SOUBRETTE,
Comédie en trois actes.

I. EN supprimant toutes les Ariettes de cette Piece pour la jouer comme petite Comédie en un acte, il faut retrancher ces deux vers au Rôle de Valere, *page 13.*

Le portrait que tu fais du Dieu de la tendreſſe,
Eſt propre à faire aimer une telle Maîtreſſe.

Et changer le vers qui ſuit ces deux de cette manière.

Tu ſais, avec eſprit, diſtinguer comme il faut
Les plaiſirs de l'amour des cauſes de ſes maux.

Page 14. A la place de l'Ariette, Angélique ouvrira la Scène par ces deux vers :

Ha ! qu'il eſt dur d'aimer ! que c'eſt un grand tourment
Pour un cœur amoureux de vaincre ſon penchant !

Page 17. Il faut retrancher ces deux vers.

He ! bien, Madame Oronte, arrivant aux beaux jours,
Ne rappellez-vous pas nos anciennes amours ?

Page 27. A la place de l'Ariette, Angélique ouvrira la Scène par ces vers :

¶

Les nœuds du mariage, en captivant ma foi,
N'ont rien de redoutable & d'effrayant pour moi ;
Ce jour qui, pour mon cœur, a les plus ten-
    dres charmes,
Ne sera point suivi par un torrent de larmes ;
Quand je donne ma-main à mon heureux
    amant,
Mon cœur est tout ému par un doux sentiment.

Page 30. La Pièce doit finir à ce vers :

Et de ce triple outrage allons chercher raison.

II. Pour jouer cette Pièce comme Opéra
Comique en trois actes, avec de la musique,
pour mieux croiser les rimes du dialogue avec
celles des Ariettes, on transposera de cette
manière les derniers vers de l'Ariette qui est
à la page 9.

Chaque fleur reçoit son hommage,
Sans jamais qu'aucune l'engage ;
Il butine indifféremment
Toutes les roses du printemps.

Page 11. On transposera ainsi les vers qui
commencent l'Ariette :

Vous qui mourez presque en naissant,
Fleurs nouvelles, mais passagères,
Vous n'avez point, ainsi que les fougères,
À voir naître plusieurs printemps ;
Mais combien, &c.

Elle finira ainsi :

Son vol ne le dirige pas
Auprès de l'antique fougère.

(3)

Page 12. On tranfpofera ainfi les trois derniers vers de l'Ariette :

Mais le plaifir s'envolera,
Et la peine vous reftera,
Si vous y joignez l'artifice.

Page 14. Les deux premiers vers de l'A-
riette feront tranfpofés ainfi :

Ha ! que l'amour eft un tourment
Pour une fille vertueufe ! &c.

Page 17. Il faut retrancher les vers ci-deffus
marqués.

Page 21. Les deux derniers vers de l'A-
riette doivent être tranfpofés ainfi :

Chercheroit-il à plaire,
S'il n'avoit point d'amour ?

Page 23. L'Ariette doit être ainfi :

Savez-vous bien pourquoi l'amour porte des
      ailes ?
C'eft moins pour feconder les amants infidèles,
Que pour les fouftraire à la loi
Qui, par des rigueurs cruelles,
S'oppofe au don de leur foi.

Page 25. Il faut retrancher ces deux vers.

Je fuis martyrifé par la précaution
Qu'il faut à chaque inftant mettre en ma paf-
fion.

Page 35. Aux Nôces de Diane & de Némos.
Les Muſes de l'amour célèbrent les conquêtes.
Liſez : Les Muſes de l'amour nous vantent les défaites.
Idem. Publient à l'envi les ſuaves douceurs.
Liſez : Célèbrent à l'envi les ſuaves douceūrs.
Page 36. Avant qu'un Conquérant triomphant dans la Gaule
Eut ſoumis le Nîmois aux loix du Capitole.
Liſez : Avant que les Romains triomphants dans la Gaule
Soumiſſent les Nîmois aux loix du Capitole.
Page 37, vers 23. Chercher un frais qui fut à ſa vertu fatal.
Liſez : Jouir d'un frais qui fut à ſa vertu fatal.
Page 38, vers 14. Morphée lui prépare un gracieux réveil.
Liſez : Morphée a ménagé ſon gracieux réveil.

A L'ERRATA de l'Iſle frivole ajoutez ce changement.
A la page 16, le 20ᵉ. vers doit être ainſi :
Aux ſoupers clandeſtins toutes veulent m'avoir.
A la même page, le vers 22ᵉ. doit être ainſi:
Le Ciel fit une erreur en vous donnant naiſſance.

ERRATA.

PAge 8 , vers 16ᵉ. Des vues légéres.

Il faut retrancher ce vers , & les quatre qui suivent , & dire , au Rôle d'Alcimon :

Tandis que des abus vont détruire cette Ifle ,
Votre efprit fertile
En amufemens , &c.

Page 12 , vers 8ᵉ. Meffieurs les beaux efprits.

Lifez : O vous , hommes d'efprit !

Idem , vers 16ᵉ. Une jolie figure.

Lifez : Une aimable figure.

Page 14 , vers 21ᵉ. A fon abord aimable on connoît un Français.

Lifez : A fon abord aimable
On connoît un Français.

Page 29 , vers 23ᵉ. La Poéfie lui fournit.

Lifez : Sa Mufe lui fournit.

Page 30 , vers 10ᵉ. Les vers s'oublient aifément.

Lifez : Les vers paffent facilement.

Idem , vers 17ᵉ. De voir une beauté , de fa jolie
main.

Lifez : De voir une beauté , d'une favante main.